CONFÉRENCE DES ATTACHÉS

LA LIBERTÉ
DES
THÉATRES

PAR

M. ADOLPHE GUILLOT

EXTRAIT DE LA REVUE CONTEMPORAINE
(Livraison du 15 septembre 1864)

PARIS
IMPRIMERIE DE DUBUISSON ET Ce
Rue Coq-Héron, 5

1864

LA LIBERTÉ

DES

THÉATRES

PAR

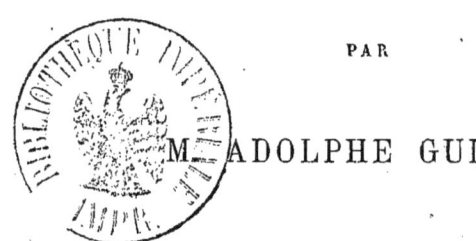

M. ADOLPHE GUILLOT

EXTRAIT DE LA REVUE CONTEMPORAINE
(Livraison du 15 septembre 1864)

PARIS

IMPRIMERIE DE DUBUISSON ET Ce
Rue Coq-Héron, 5
—
1864

LA
LIBERTÉ DES THÉATRES

Le théâtre, par l'influence qu'il exerce sur les mœurs, tient dans la société une place trop importante pour que le législateur n'ait point intérêt à favoriser ses progrès et à prévenir ses écarts ; comprenant qu'il y avait là autre chose qu'un divertissement inoffensif et sans portée, il a toujours senti qu'il était nécessaire de réglementer ce puissant mode de publication de la pensée humaine, qui, se manifestant sous l'une de ses formes les plus expressives, s'adresse tout à la fois à l'intelligence, à l'âme et aux sens. Aussi le décret récent, qui vient de modifier la législation des théâtres en proclamant la liberté de l'industrie théâtrale, était-il annoncé par l'Empereur lui-même, à l'ouverture des Chambres, comme l'une des réformes les plus considérables d'une année que devaient marquer tant de graves événements.

Plusieurs mois se sont écoulés depuis le jour où la promulgation de ce décret était acclamée presque sans réserve par tous ceux qui croient qu'il n'y a point pour l'activité humaine de plus salutaire régime qu'une sage liberté ; aujourd'hui qu'il est passé dans la pratique, que des circulaires ministérielles sont venues en régler l'application, le temps est arrivé de l'examiner et de chercher à se rendre compte de la situation qu'il a modifiée et des principes nouveaux qu'il a consacrés. Nous avons pensé qu'au moment où une réforme si importante vient de s'accomplir, il ne serait pas sans intérêt de jeter un coup d'œil en arrière, et de déterminer, par l'étude même des différents régimes auxquels le théâtre a été soumis, le caractère de la législation nouvelle, et les avantages qu'elle peut présenter.

I

Nous n'avons pas la prétention d'apporter ici, à l'aide de quelques textes épars, une hypothèse plus ou moins ingénieuse sur la législation des spectacles à l'époque où le peuple d'Athènes se pressait en foule aux chefs-d'œuvre impérissables de ses grands tragiques; nous ne parlerons pas davantage du théâtre romain ; quelque brillantes qu'aient été ses destinées, il ne pouvait échapper à cette loi fatale de destruction qui devait successivement atteindre ce qui avait fait la gloire de l'empire, et le flambeau de l'intelligence dramatique qui avait jeté de si vives lumières se serait éteint dans les ténèbres du moyen âge s'il n'était allé se ranimer au foyer du christianisme, où se purifiaient en quelque sorte les débris du vieux monde, destinés à reconstituer les sociétés nouvelles.

Ce fut en effet l'Eglise qui, après s'être montrée justement sévère pour le théâtre païen, alors qu'il ne cherchait qu'à satisfaire les convoitises honteuses d'une société corrompue, devait être la première à convier le peuple à des divertissements dramatiques destinés cette fois à élever l'âme au lieu de l'avilir, à inspirer la vertu au lieu de glorifier le vice. C'étaient le dogme et la morale mis en action ; on instruisait le peuple en l'amusant, on l'élevait en le charmant, et le plaisir qu'on lui offrait développait et fortifiait son existence morale, à une époque où les esprits encore grossiers exigeaient que l'idée leur fût présentée sous une forme sensible ; c'était une sorte de prédication qui en valait bien une autre, et l'éloquence la plus persuasive eût attiré sans doute moins d'auditeurs que ces mystères naïfs où rien n'était caché, et où l'on voyait tour à tour, sans le secours des yeux de la foi, la sainte Vierge et l'Hérésie, le Christ et les rois de Babylone, sans compter les personnages d'un rang secondaire.

C'était sur les places publiques, dans les couvents, dans les églises elles-mêmes, que se donnaient ces spectacles ; les acteurs étaient le plus souvent des pèlerins de Saint-Jacques de Compostelle, de la Sainte-Baume et de Jérusalem : comme le rapsode antique, ils s'arrêtaient de temps en temps pour raconter, dans de longs cantiques, les merveilles des lieux qu'ils venaient de parcourir et les aventures que leur piété avait eu à braver ; à la pantomime dont ils accompagnaient ces chants, ils joignaient le secours du dialogue, et la foule, dont ces naïves représentations réchauffaient la foi, leur témoignait sa reconnaissance par d'abondantes aumônes qui les aidaient à continuer leur route.

Le succès qu'ils obtenaient, le caractère hiératique imprimé à ces drames par la nature des sujets, par la situation des personnages, par le lieu de la scène elle-même, les priviléges nombreux accordés à ceux qui y figuraient comme acteurs, tout cela devait amener la création d'un théâtre plus régulier, et une entreprise par laquelle on pouvait espérer faire sa fortune dans ce monde et son salut dans l'autre devait trouver des gens disposés à s'en charger et à donner ainsi une satisfaction plus complète au besoin dramatique de l'époque.

Une troupe sédentaire se forma bientôt, au lieu de promener son théâtre de carrefours en carrefours et de tréteaux en tréteaux, elle vint l'établir dans un local fixe. Les premiers essais se firent au bourg de Saint-Maur; le sujet qu'elle avait adopté, la Passion de Notre-Seigneur, montrait bien qu'elle entendait suivre les pieux errements de ses prédécesseurs; dans ces temps de foi vive, un pareil choix n'avait rien de dangereux; néanmoins, il parut téméraire au prévôt de Paris, qui, dans sa prudente sollicitude pour les intérêts de la religion et de ses administrés, rendit, à la date du 3 juin 1398, une ordonnance qui fit défense à tous les habitants de Paris, à ceux de Saint-Maur et des autres villes de sa juridiction de représenter aucuns jeux de personnages, soit de vie des saints, ou autrement, sans le congé du roi, à peine d'encourir son indignation et de forfaire envers lui.

On voit par là que la censure théâtrale n'est pas une invention moderne, et qu'elle peut compter, parmi ses défenseurs, le magistrat qui, en 1398, présidait à l'administration de la ville en qualité de prévôt. Ajoutons, pour être juste, que le roi se montra tout à la fois moins craintif et plus libéral que lui. Il est vrai que, pour obtenir l'autorisation souveraine, la troupe d'acteurs avait eu soin de se présenter sous les apparences les plus recommandables, et de se couvrir du nom le mieux fait pour se concilier les bonnes grâces d'un prince très chrétien : elle s'était formée en confrérie sous le titre de la Passion de Notre-Seigneur. N'était-ce pas rendre toute résistance impossible de la part du monarque ? Il consentit donc ; il fit plus encore, il voulut voir le spectacle ; quelques pièces furent représentées devant lui ; elles lui furent si agréables, que, le 4 décembre 1402, il témoigna sa reconnaissance en délivrant des lettres-patentes dans lesquelles on lit ce qui suit : « Nous qui voulons et désirons le bien, profit et utilité de ladite confrérie et les droits et revenus d'icelle être par nous accrus et augmentés, de grâce et priviléges, afin qu'un chacun par dévotion se puisse adjoindre et mettre en leur compagnie à iceux, maîtres, gouverneurs et confrères d'icelle, confrères de la Passion de Notre dit Seigneur, nous avons donné et octroyons de grâce spéciale, pleine puissance et autorité royale, cette fois pour toutes, et à toujours perpétuellement, autorité, congé et licence, de faire jouer quelque mystère que ce soit, soit de la passion et résurrection, ou autre quelconque, tant de saints comme de saintes qu'ils voudront élire. »

Sous ce haut patronage, la confrérie vint s'établir aux portes de Paris, dans un asile fondé en 1410, sous le vocable de la Sainte-Trinité, par deux gentilshommes allemands, afin d'y recevoir les pèlerins et voyageurs qui arrivaient aux barrières après l'heure de leur fermeture. Il se trouvait dans cet asile une grande salle, peu élevée, aux voûtes en ogives, soutenue par de lourds piliers aux chapiteaux symboliques, percée de quelques fenêtres laissant passer à travers le prisme des vitraux une lumière mystérieuse ; ce fut sous les voûtes austères de cette sombre salle qu'en vertu du premier privilége vint s'établir le premier théâtre. La description que d'anciens auteurs nous en ont laissée peut nous montrer qu'à cette époque les auteurs ne devaient pas le succès de leurs pièces à la splendeur de la mise en scène ni aux ressources de l'art du machiniste.

L'ignorance complète de cet art mettait dans la nécessité de conserver sur la scène tous les décors nécessaires aux diverses pièces qui y étaient représentées ; il est vrai que le répertoire étant peu varié, les mêmes accessoires figuraient dans la plupart des drames ; ainsi, dans le fond, il y avait deux échafauds, dont le plus élevé représentait le paradis, celui du dessous, la terre ; un autre, le palais d'Hérode et la maison de Pilate ; devant, l'enfer était figuré par la gueule d'un dragon qui s'ouvrait et se fermait lorsque les diables y entraient ou en sortaient ; sur les côtés, s'élevaient des gradins où les acteurs s'asseyaient lorsqu'ils n'étaient plus en scène, de sorte qu'ils restaient toujours sous les yeux du spectateur ; enfin, comme à cette époque la simplicité de l'auteur ne reculait devant aucune peinture, il y avait sur le théâtre une espèce de niche fermée par des rideaux discrets, où se dénouaient les situations critiques.

Ceux dont l'esprit généreux croit à la puissance de la liberté se diront sans doute que nos pères n'auraient pas été obligés de se contenter, pendant longtemps, d'un théâtre aussi imparfait, si l'absence de priviléges eût permis à d'autres troupes de se former et de perfectionner l'art scénique. Je ne sais ce qu'eût produit la liberté des théâtres ; je constate seulement qu'elle n'existait pas. Les confrères de la Passion, pourvus de priviléges légaux, se montraient jaloux à l'excès des prérogatives que leur avait conférées la bienveillance royale ; ils n'admettaient pas que l'on s'amusât sans leur permission ; ils défendaient leur monopole contre les entreprises les plus humbles ; ils redoutaient jusqu'à la concurrence des danseurs de corde; ils comprenaient que le public déserterait bientôt leurs spectacles le jour où ils ne le retiendraient plus par l'impossibilité de trouver d'autres distractions ailleurs.

Cependant, malgré son influence, la confrérie de la Passion n'avait pu empêcher une autre corporation d'obtenir, de son côté, le droit de donner des représentations théâtrales. Le succès des confrères de la Passion n'avait pas tardé à exciter l'émulation des clercs de la basoche, mais les mystères leur étaient interdits, et ils avaient été obligés de chercher une autre route et d'adopter un genre nouveau. Ils s'étaient mis à jouer, sous le titre de *Farces et Moralités*, des comédies bouffonnes où le pédantisme de l'époque tenait encore une large place, mais dans lesquelles la peinture souvent hardie des ridicules et des passions, portait une vie et un mouvement que ne pouvait avoir le drame purement religieux ; les Ecritures saintes étaient abandonnées pour les contes et les nouvelles en vogue. Trois fois par an, la basoche donnait une grande représentation. Elle n'avait pas de théâtre fixe; ses jeux se passaient tantôt au Châtelet, tantôt dans des maisons particulières, le plus souvent au palais, sur cette fameuse table de marbre qui occupait toute la largeur de la grande salle des Pas-Perdus, et qui subsista jusqu'à l'incendie du 6 mars 1518.

Les confrères de la Passion, qui avaient sur leurs rivaux l'avantage d'avoir un théâtre fixe et un privilége pour toute l'année, auraient peut-être pu prolonger les jours du drame religieux pendant quelque temps encore, si une autre troupe, également autorisée, n'était venue hâter à son tour le mouvement qui entraînait les esprits vers une littérature moins métaphysique et moins abstraite. Des jeunes gens de famille, trouvant sans doute que le théâtre privilégié et quasi officiel leur donnait d'insuffisantes distractions, résolurent d'y suppléer; ils se réunirent, prirent le nom d'Enfants-sans-Souci, choisirent un chef auquel ils donnèrent le nom de Prince des Sots, appelèrent leurs jeux des soties, et obtinrent des lettres-patentes qui leur permirent d'ériger un théâtre et d'y jouer des pièces de leur composition.

Le succès de ces pièces fut immense; ce fut une révolution littéraire que sanctionna le suffrage universel; tout le monde applaudit à ces comédies pleines d'entrain et de gaîté; l'esprit gaulois, auquel convenait si peu la majesté des mystères, se sentit à l'aise quand il lui fut permis de rompre avec cette société de saints et de saintes, dont la compagnie, à coup sûr, n'avait rien que de très honorable, mais dont le caractère auguste lui imposait trop de contrainte. La foule se pressa autour de ces tréteaux où, à la place du mystère de l'Apocalypse, on voyait se dérouler les réjouissantes péripéties de la farce de Colin, qui revient de la guerre de Naples, et amène un pèlerin prisonnier, pensant que ce fût un Turc ; ou bien encore l'histoire du testament de Lucifer, qui mariait Présomption aux jeunes gens, Curiosité aux femmes, Rapine aux robins. Ces farces, où l'auteur ne craignait pas, avec une grande liberté de style, d'aborder la peinture des mœurs de l'époque, de mettre en scène, avec une singulière hardiesse, des personnages vivants, étaient toujours applaudies par le peuple ; lui-même était rarement épargné ; il se reconnaissait sans peine, mais il était heureux de rire, même à ses dépens.

Au milieu de cette transformation que subissait l'art dramatique, qu'étaient devenus les confrères de la Passion ? Ils s'étaient d'abord retranchés derrière leurs priviléges ; mais, s'apercevant bientôt que toute résistance était impossible, ils suivirent le mouvement général ; à leurs représentations, ils mêlèrent bientôt des farces tirées de sujets profanes et burlesques, et, ne pouvant vaincre leurs rivaux, ils firent alliance avec eux et demandèrent aux Enfants-sans-Souci leur concours pour la représentation de ces nouvelles pièces.

Ce devait être le dernier coup porté aux mystères ; déjà le sentiment religieux, qui, à l'origine, avait présidé à ces représentations, avait depuis longtemps disparu ; les spectateurs y portaient souvent des dispositions rien moins que recueillies, et ces assemblées, jadis édifiantes, étaient sans cesse l'occasion de scandales. Comment, en effet, le drame religieux n'aurait-il point perdu à la société de la comédie bouffonne ? Le mystère était profané par le voisinage de la sotie ; les farces les plus burlesques et les plus indécentes se mêlaient aux sujets les plus respectables ; des acteurs cyniques, jouant les personnages les plus sacrés, venaient débiter des plaisanteries grossières et obscènes ; on était déjà bien loin du temps où le chapitre de Notre-Dame avançait l'heure des vêpres pour permettre d'assister à la représentation, et le moment était arrivé où la rupture allait devenir complète entre le théâtre et l'Eglise, qui ne cessait de s'élever avec force contre de telles profanations.

Le 30 juillet 1547, un édit du parlement expulsait les confrères de la Passion de la maison de la Sainte-Trinité, rendue à sa destination première. Le parlement avait même été jusqu'à leur interdire d'ouvrir un nouveau théâtre ; mais le roi, moins sévère, leur permit de s'installer autre part, et comme ils avaient fait des gains considérables, bien que le prix des places ne fût que de quatre sous, ils se trouvèrent assez riches pour acheter l'ancien hôtel des ducs de Bourgogne. Le parlement confirma cette permission par un arrêt du 12 novembre 1548, mais à la condition, toutefois, que les confrères ne pourraient jouer que des sujets profanes, licites et honnêtes, et avec défense expresse de représenter les *Mystères de la Passion*, ni aucun mystère de la religion.

Le parlement au surplus aurait pu se dispenser d'interdire ce genre de représentations, qui ne répondait plus aux besoins littéraires de l'époque. L'antiquité grecque, dont on s'était engoué, avait amené sur le théâtre les formes dramatiques et les personnages des temps anciens. C'est alors qu'on vit jouer le *Mystère de la destruction de Troye la Grant*, où on apprenait que cette ville avait quarante lieues de long et 8 de large, ce qui permet de supposer, a-t-on remarqué avec esprit, que l'auteur n'avait pas lu le passage d'Homère où Hector, poursuivi par Achille, fait trois fois le tour de Troie.

Le jour où les confrères de la Passion furent obligés de jouer le rôle de Pâris ou d'Achille, et d'en revêtir les costumes, ils devinrent assez embarrassés de leur nom et de leur passé, peu en harmonie avec des sujets aussi profanes, et, comprenant que leur règne était fini, ils se dispersèrent pour faire place à une troupe de comédiens, qui prit à loyer le privilége de l'hôtel de Bourgogne.

Ces nouveaux venus se montrèrent aussi jaloux de leur monopole que leurs prédécesseurs, et leurs prétentions furent d'autant plus tyranniques qu'elles rencontrèrent toujours l'appui du roi et des parlements. Ainsi une troupe d'acteurs qui s'était formée en province et qui avait eu un grand succès, voulut venir s'établir à Paris ; elle loua l'hôtel de Cluny et y joua quelques pièces; les comédiens de l'hôtel de Bourgogne jetèrent les hauts cris, et le parlement, averti de cette atteinte portée à l'arche sainte du privilége, rendit, à la date du 6 octobre 1584, sur la remontrance du procureur général, un arrêt par lequel il fit défense à ces comédiens de jouer leurs pièces, ni faire aucunes assemblées en quelque lieu de la ville ou du faubourg que ce soit, et au concierge de l'hôtel de Cluny de les y recevoir à peine 1,000 écus d'amende. D'autres tentatives échouèrent de la même façon devant la barrière infranchissable du privilége.

Ce n'était pourtant pas que les résultats d'un régime aussi restrictif fussent bien satisfaisants, et le pouvoir ne l'eût pas longtemps maintenu si, au lieu de chercher à favoriser quelques individus, il se fût préoccupé des intérêts du public ; les acteurs privilégiés, à l'abri de toute concurrence, ne se donnaient aucun mal, et ne faisaient aucun effort pour retenir la faveur qui ne pouvait leur échapper ; les auteurs, peu soucieux de voir leurs pièces confiées à de tels interprètes, les faisaient représenter dans l'intérieur des colléges ou dans les palais des grands seigneurs, et ceux qui n'étaient pas admis à ces réunions intimes étaient réduits à des farces grossières et sans esprit, ou bien à des moralités où la décence la plus vulgaire était à chaque instant blessée. Aussi, dès cette époque, les priviléges furent-ils vivement attaqués ; le peuple, mécontent qu'on l'eût privé du plaisir que lui auraient donné les troupes de province, voulut s'en venger contre l'hôtel de Bourgogne ; il fit des attroupements, il brisa quelques vitres, il siffla les acteurs, mais tout ce tapage n'eut d'autre résultat que de faire autoriser les comédiens à jouer pendant la foire de Saint-Germain, et encore, à la condition de payer deux écus à l'hôtel de Bourgogne.

Une si mince concession n'était pas faite pour satisfaire les Parisiens; sous le prétexte que les comédiens exigeaient trop d'argent et que la représentation commençait trop tard, ils protestèrent de nouveau contre le privilége en troublant la représentation, en jetant des pierres et de la poudre, et tout ce dont l'industrie populaire sait s'armer en pareille circonstance. Ces désordres s'étaient produits tant aux portes de l'hôtel de Bourgogne que de l'hôtel d'Argent au Marais, où les comédiens privilégiés avaient établi une succursale que les accroissements de la ville avaient rendue nécessaire; le lieutenant civil y prit l'occasion de faire un règlement général sur la police des théâtres, qui porte la date du 12 novembre 1609. Ce règlement, tout en maintenant les droits des comédiens de l'hôtel de Bourgogne, chercha à apaiser le public, en donnant satisfaction à quelques-unes de ses exigences ; ainsi il prescrivit aux comédiens de commencer à quatre heures et demie, quand même il n'y aurait personne dans la salle, de ne jamais prendre plus grande somme que cinq sous au parterre et dix sous aux loges et galeries, et enfin, d'avoir de la lumière en lanterne.

Cependant, malgré ces progrès, qui peuvent donner une idée du point de départ et justifier le peu de sympathie des turbulents Parisiens pour le privilége, malgré les efforts de quelques hommes de talent, le théâtre languissait misérablement et n'était plus guère fréquenté que par la lie du peuple, lorsqu'un petit événement arrivé dans une maison bourgeoise d'une ville de province, vint lui imprimer un mouvement que n'avaient pu lui donner ni les faveurs du monopole, ni les prescriptions du lieutenant civil. Un jeune homme mène un de ses amis chez une fille dont il était amoureux, le nouveau venu s'établit sur les ruines de son introducteur, le plaisir que lui fait cette aventure le rend poète, il en fait une comédie, et voilà le grand Corneille. Quelle que soit l'authenticité de cette aventure racontée par Fontenelle, il n'en est pas moins vrai que la comédie de *Mélite* eut un si grand succès, que la troupe de l'hôtel de Bourgogne dut ouvrir une nouvelle salle.

Mais au moment même où la fortune paraissait lui sourire, une concurrence, qui devait lui être fatale, se préparait contre elle. Le 24 octobre 1658, des comédiens de province venaient de jouer, grâce à la recommandation de Monsieur, frère de Louis XIV, la tragédie de *Nicomède*, sur un théâtre élevé dans la salle des gardes du vieux Louvre. Après la représentation, le chef de la troupe s'avança sur le bord de la scène, loua fort habilement, dans un discours modeste, les comédiens de l'hôtel de Bourgogne qui figuraient parmi les spectateurs, se fit devant eux aussi humble que possible, et après avoir remercié Sa Majesté de la bonté qu'elle avait eue d'excuser ses défauts, et ceux de toute sa troupe, qui n'avait paru qu'en tremblant devant une assemblée aussi auguste, il lui dit que l'envie qu'ils avaient eue d'avoir l'honneur de divertir le plus grand roi du monde leur avait fait oublier que Sa Majesté avait à son service d'excellents originaux, dont ils n'étaient que de très faibles copies, mais que puisqu'il avait bien voulu souffrir leurs manières de campagne, il la suppliait très humblement d'avoir pour agréable qu'il lui donnât un de ces petits divertissements qui lui avaient acquis quelque réputation et dont il régalait les provinces.

La permission fut donnée, l'acteur fut trouvé excellent, et le divertissement eut l'heureuse fortune de faire rire le grand roi ; l'acteur s'appelait Molière, et la pièce le *Docteur amoureux*.

Le roi voulut récompenser ceux qui avaient su le distraire ; il leur permit de s'établir à Paris, sous le titre de troupe de Monsieur, et de jouer alternativement avec des comédiens italiens, sur le théâtre du Petit-Bourbon. Cette salle ayant été abattue vers la fin d'octobre 1659 pour bâtir la colonnade du Louvre, Louis XIV accorda à Molière la salle du Palais-Royal que Richelieu avait fait bâtir pour y faire jouer sa tragédie de *Mirame*, « laquelle salle, dit Voltaire, était aussi mal construite que la pièce pour laquelle elle fut bâtie. »

C'est ainsi que fut troublé le repos des comédiens de l'hôtel de Bourgogne. On peut voir, par là, quels étaient les inconvénients et les dangers du privilége, même pour ceux qui en étaient pourvus ; d'un instant à l'autre, le caprice du souverain pouvait se tourner vers de nouveaux favoris, et il suffisait qu'un solliciteur adroit ou qu'un courtisan habile parvînt à s'insinuer dans l'esprit du dispensateur tout-puissant des grâces, pour que le possesseur de l'ancien privilége se vît ruiner tout d'un coup ; la liberté, il est vrai, impose de plus rudes efforts ; elle ne supporte pas le laisser-aller et le sommeil, mais en mettant l'industrie à l'abri de toutes ces fluctuations d'une faveur capricieuse, elle lui donne des bases plus solides et assure à ceux qui l'exercent plus de sécurité, en ne faisant dépendre leur succès que de leur travail et de leur intelligence.

Habitués jusque-là à voir leurs priviléges respectés, les comédiens de l'hôtel de Bourgogne cherchèrent à se venger de mille façons, ils firent tous leurs efforts pour ruiner l'entreprise et discréditer la nouvelle troupe ; elle eut à se défendre de la division que les comédiens de l'hôtel de Bourgogne et du Marais voulurent semer entre eux, mais toute la troupe demeura stable ; tous les acteurs, raconte Lagrange, aimaient Molière, leur chef, qui joignait à son mérite une capacité extraordinaire, une honnêteté et une manière engageante, ce qui les obligea tous à lui protester qu'ils voulaient courir sa fortune. Mais, pour répondre à ces attaques, Molière avait pour lui mieux encore que la faveur royale ; il avait su mériter la faveur du public ; il avait cette verve sarcastique dont ses imprudents ennemis eurent souvent à éprouver les traits, et ses rivaux ne pouvaient résister à ces spirituelles attaques, à ces mordantes allusions, auxquelles les spectateurs s'associaient toujours ; ainsi lorsque Cathos, dans *les Précieuses ridicules*, demandait à Mascarille à quels comédiens il donnerait la pièce qu'il voulait faire représenter, et que Mascarille répondait : « Belle demande ! Aux comédiens de l'hôtel de Bourgogne ; il n'y a qu'eux qui soient capables de faire valoir les choses ; les autres sont des ignorants, qui récitent comme l'on parle ; ils ne savent pas faire ronfler les vers et s'arrêter au bel endroit ; et, le moyen de connaître le beau vers, si le comédien ne s'arrête pas et ne nous avertit pas par là qu'il faut faire le brouhaha ! » Le public applaudissait à cette fine critique de l'emphase et du mauvais goût de la vieille école, et donnait raison à Molière, qui avait su ramener sur la scène le naturel et la vérité.

En 1665, le roi attachait à sa personne la troupe de Molière, et le titre de comédien du roi, donné à ceux qui en faisaient partie, devait la protéger contre toutes les cabales Mais ces succès ne devaient pas survivre à Molière. A sa mort, sa troupe, dont se séparèrent les principaux acteurs, se vit enlever la salle du Palais-Royal au profit d'un nouveau favori, Lulli, qui venait d'obtenir le privilége pour la représentation des tragédies lyriques, et était allé s'installer dans l'ancienne salle de l'Opéra, rue Mazarine, vis-à-vis la rue Guénégaud. A la même époque, on y réunit la troupe du Marais, et, sept ans plus tard, en 1680, la troupe de l'hôtel de Bourgogne vint également s'y fondre. Il n'y eut plus dès lors, à Paris, qu'une société de comédiens français sous le titre de troupe du roi.

Le roi adressa, à cet effet, au lieutenant général de police une lettre de cachet dont le passage suivant montre bien tout ce qu'il y avait d'arbitraire dans l'organisation du théâtre. « Sa Majesté, y est-il dit, ayant estimé à propos de réunir les deux troupes de comédiens pour n'en faire qu'une seule, afin de rendre la représentation des comédies plus parfaite, par le moyen des acteurs et des actrices auxquels elle a donné place dans ladite troupe, Sa Majesté a ordonné et ordonne qu'à l'avenir lesdites troupes de comédiens français seront réunies pour ne faire qu'une seule et même troupe, et sera composée des acteurs et actrices dont la liste sera arrêtée par Sa Majesté. Pour leur donner un moyen de se perfectionner de plus en plus, Sa Majesté veut que ladite seule troupe puisse représenter des comédies dans Paris, faisant défense à tous autres comédiens français de s'établir dans la ville et faubourgs sans un ordre exprès de Sa Majesté. »

Mais à côté du Théâtre-Français, déjà dépositaire de glorieuses traditions qu'il conserve précieusement, des spectacles d'un autre genre avaient obtenu l'autorisation de s'établir à Paris. En 1669, un artiste grand seigneur, le marquis de Sourdeac, et l'abbé Perrin, poète et musicien, obtenaient des lettres patentes qui leur assuraient pendant douze ans le privilége d'établir en la ville de Paris et dans les autres villes du royaume des académies de musique pour chanter des pièces de théâtre; le privilége était bientôt cédé à Lulli, qui, grâce à la faveur de Mme de Montespan, obtenait de Louis XIV des lettres patentes au mois de mai 1672, et le Grand-Opéra se trouvait ainsi fondé. D'un autre côté, une troupe d'acteurs venus d'Italie s'était fait autoriser à élever un théâtre destiné à la représentation de comédies bouffonnes. Ces trois théâtres également privilégiés étaient en lutte perpétuelle. L'Opéra, son privilége à la main, faisait interdire les ballets à la Comédie-Française, qui cependant eut bientôt assez de crédit pour se les faire rendre. La Comédie-Française reprochait aux Italiens de ne pas se contenter de chanter, et dans les recueils de l'époque on trouve la trace de toutes ces contestations que le parlement était appelé à trancher; mais ces théâtres oubliaient leurs querelles personnelles pour se coaliser contre l'ennemi commun et faire une guerre à outrance aux spectacles non privilégiés.

On avait commencé, sur la fin du règne de Louis XIV, à jouer aux foires Saint-Laurent et Saint-Germain de petites comédies mêlées de chant, dont Arlequin était toujours le principal acteur, escorté d'un Pierrot et d'une Colombine. L'Opéra vit là un empiétement sur ses prérogatives; chanter sans sa permission n'était-ce pas de la dernière audace? Il signifia donc à ces théâtres forains de supprimer leurs couplets; de leur côté, les comédiens français réunis aux Italiens firent interdire la parole aux forains, et l'Opéra leur défendit le chant; c'était leur laisser libre peu de choses. Tout Paris prit parti dans cette grande querelle; le public, qui fuyait l'ennui et cherchait la nouveauté, et qui aimait mieux rire à la foire que de bâiller à l'Opéra, se mit du côté des forains, et dans cette lutte du privilége contre la liberté, les Parisiens firent des prodiges d'invention et de malice. On écrivit les couplets sur des pancartes suspendues à la voûte, l'orchestre faisait l'accompagnement, les spectateurs chantaient en chœur, et les acteurs condamnés au silence se chargeaient de faire les gestes ; nous trouvons toujours tant de charme au fruit défendu qu'il eût fallu dépenser un prodigieux esprit pour obtenir le succès qui s'attacha bientôt à ces joyeuses conspirations contre les priviléges de l'Opéra et de la Comédie-Française.

Cette ténacité du public et ce goût marqué qu'il témoignait pour ces sortes de pièces, si conformes à son esprit, finirent par forcer la main au pouvoir ; l'Opéra-Comique, dès lors constitué, s'arrangea avec l'Opéra en achetant fort cher le droit de chanter, et l'intérêt se faisant entendre par-dessus tout, les comédiens italiens furent trop heureux d'ouvrir leur théâtre, qui menaçait ruine, à ces mêmes forains qu'ils avaient tant persécutés. Le Théâtre-Français conserva son privilége jusqu'à la révolution, et les règlements que nous rencontrons jusqu'à cette époque n'ayant trait qu'à son organisation intérieure, nous n'avons pas à nous en occuper ici.

L'Opéra qui fut le spectacle favori des derniers temps de la monarchie, tandis que la Comédie-Française se faisait l'interprète de la philosophie nouvelle, l'Opéra, disons-nous, conserva son privilége ; mais sa constitution fut profondément modifiée. La direction de ce théâtre, qui, confiée jusque-là à des entrepreneurs, avait donné lieu aux abus les plus graves, fut, en 1749, donnée à la ville de Paris. « Le public, dit Barbier dans son journal, paraît content de ce changement. L'Opéra a beaucoup de dettes et de pensions qu'on ne paye pas ; les directeurs, qui ne cherchent qu'à gagner, ménageaient sur tout ; ce spectacle aurait sans doute manqué à la fin, au lieu que la ville ayant cette direction et devant y avoir un profit assez considérable tous les ans, tout sera en règle et l'on travaillera à mettre ce spectacle, qui doit être le plus beau de l'Europe, à sa perfection, même, par la suite, à bâtir une salle de spectacle ; mais ce qu'il y aura de plus difficile pour le corps de ville sera la police et la manutention des acteurs et actrices de l'Opéra, qui est un genre de peuple très embarrassant à mener. »

Mais l'Opéra ne resta pas longtemps entre les mains de la ville de Paris ; il fut bientôt réuni au service et dépenses des spectacles de la cour, et le roi se chargea de pourvoir, du fonds de ses menus plaisirs, à l'entretien de ce grand théâtre, considéré dès lors comme un établissement national destiné à contribuer aux embellissements et aux plaisirs de la capitale, et à faciliter le progrès des arts et la perfection du goût et de l'industrie. Le privilége fut retiré à la ville ; mais le secrétaire d'Etat ayant le département de Paris resta toujours chargé de la haute surveillance.

Tel était l'état du théâtre au moment où éclata la révolution française. Mais avant de rechercher quelle modification elle y apporta, nous devons nous arrêter un instant pour nous demander si le système de l'ancien droit peut inspirer quelque regret. Le régime, nous le connaissons, c'était le privilége dans ce qu'il a de plus absolu ; la faveur était souveraine, et tout était remis au caprice et au bon plaisir du roi et de ses agents : c'était assez d'un acte de la volonté personnelle du souverain pour ouvrir ou fermer un théâtre. Il en était de même dans les provinces. Aucune troupe de comédiens ne pouvait s'établir dans les villes du royaume qu'après avoir obtenu la permission du lieutenant général de police de chaque ville. Les acteurs étaient soumis à une discipline non moins sévère, obligés de plier sous la volonté de leur chef, qui, lui-même, ne faisait qu'obéir aux caprices de l'intendant des menus plaisirs ; ils perdaient toute leur indépendance le jour où ils étaient enrégimentés dans une troupe ; ils étaient contraints de déférer aux ordres de début, et la puissance paternelle elle-même était sacrifiée à l'engagement contracté avec l'Opéra par un mineur. Une simple injonction du roi faisait passer un acteur d'une scène sur une autre. L'on vit souvent un directeur profiter de son crédit pour obtenir du roi un ordre lui permettant d'enlever à une troupe rivale l'acteur qui faisait son succès ; et s'il manifestait quelque velléité de résistance, il allait bientôt expier au Fort-Levêque son insubordination à la volonté souveraine. Nous avons trouvé mille exemples de ces déplorables abus ; nous n'en citerons qu'un seul qui est peu connu.

Il y avait, en 1662, une troupe de comédiens ambulants qui, sous la direction d'une femme nommée la Raisin, jouissait d'une certaine vogue auprès du public ; elle devait son succès au talent d'un de ses acteurs nommé Baron. Cela préoccupait Molière, qui aurait bien voulu attirer à lui cet acteur ; comment s'y prendre ? La Raisin tenait à son acteur ; mais y a-t-il quelque chose d'impossible quand on est dans les bonnes grâces d'un roi tout-puissant ? Molière invite un jour Baron, et le retient à souper ; il lui fit si bien les honneurs de sa table, que, le soir, l'acteur ne pouvait rentrer chez lui ; le lendemain, profitant du profond sommeil dans lequel son hôte, trop confiant, était encore plongé, Molière le met sous clé, puis, en toute hâte, il s'en va à Saint-Germain, et supplie le roi de lui donner un ordre pour enlever Baron de la troupe où il était ; le roi accueille sa demande, et l'ordre est expédié sur-le-champ. La Raisin ne fut pas longtemps sans apprendre son malheur ; elle arrive furieuse chez Molière, l'accable d'injures et de menaces ; Molière se contente de lui montrer l'ordre du roi. Voyant alors qu'il n'y avait plus d'espérance, elle se jette à ses genoux, et le prie de lui permettre au moins que Baron joue encore trois jours dans sa troupe ; faisant alors le généreux, Molière lui en accorde huit, à la condition que Baron sera accompagné par un homme de confiance qui sera chargé de le lui ramener. Quelque temps après, la Raisin était ruinée.

Voilà la concurrence que favorisait le privilége, voilà ce que valait aux acteurs ce régime arbitraire. Et, quant au public, que gagnait-il à cette tyrannique intervention du pouvoir? Lui donnait-elle des comédiens plus habiles, des salles plus commodes, des pièces mieux écrites?

Le public, et qui donc s'en préoccupait alors? Quand le théâtre fut véritablement institué, c'est-à-dire sous Louis XIV, on le considérait comme destiné uniquement aux amusements du roi et au plaisir des grands. Les comédiens donnaient le plus souvent leurs représentations dans des salles particulières, dans les hôtels des seigneurs, et, quand le théâtre public était ouvert, tout ce qui tenait à la cour y régnait en maître, et le malheureux bourgeois n'y jouissait que du privilége de payer sa place; les pages et les chevaux-légers, les mousquetaires et les laquais avaient leurs entrées gratuites à la comédie, ce qui ne les empêchait pas d'user largement du droit de siffler et de huer les acteurs. On essaya un jour de leur interdire l'entrée, ils firent une véritable émeute, et le récit que nous en a laissé Grimaret peut nous donner une idée des plaisirs que le spectacle offrait alors aux citoyens paisibles : « Les femmes croyaient être mortes, chacun cherchait à se sauver, surtout Hubert, un des acteurs, et sa femme, qui avaient fait un trou dans le mur du Palais-Royal. Le mari voulut passer le premier ; mais comme le trou n'était pas assez ouvert, il ne passa que la tête et les épaules, jamais le reste ne put suivre, on avait beau le tirer de dedans le Palais-Royal, rien n'avançait ; il criait comme un forcené par le mal qu'on lui faisait et la peur qu'il avait que quelque gendarme ne vînt lui donner un coup d'épée par derrière. » Et, certes, de plus braves qu'Hubert auraient pu avoir peur, car le Suisse qui avait voulu s'opposer à l'entrée de ces turbulents spectateurs, avait été percé de plusieurs coups d'épée, et sans la fermeté de Molière, qui sut les haranguer avec beaucoup d'esprit, leur colère eût pu faire d'autres victimes. Ces désordres se reproduisaient souvent, et il paraît que les mesures prises pour en empêcher le retour n'avaient pas grande efficacité, car Delamarre, dans son *Traité de la police*, mentionne jusqu'à trois ordonnances, prises à de très courts intervalles, pour interdire aux gens de la cour l'entrée du théâtre.

Ce n'est pas tout: non-seulement les gentilshommes et leur suite se considéraient comme les maîtres de la salle, mais encore ils envahissaient la scène ; ils avaient pris l'habitude d'aller s'asseoir sur le théâtre, se préoccupant fort peu de troubler la représentation, d'interrompre les acteurs et de détruire complétement l'illusion de la scène ; « ils ne venaient souvent sur le théâtre, nous dit Barbier, que pour voir les femmes des loges et se faire voir, causer entre eux et avec les actrices, aller et venir dans les chauffoirs. » On peut s'imaginer si, dans de semblables conditions, l'action des acteurs devait être libre et les vraisemblances bien observées. Ce ne fut qu'en 1759 qu'on mit fin à ce scandale, et l'auteur que nous citions mentionne dans son journal le vif plaisir que cette réforme causa au public, bien facile alors à contenter.

Mais, au moins, pour se faire pardonner de si nombreux et de si regrettables abus, le privilége fut-il utile au développement de l'art dramatique? Nous avons vu dans quel triste état se trouvait le théâtre avant Louis XIV ; il y eut alors un moment où, par la puissance de grands génies, la littérature dramatique s'éleva à des hauteurs qu'elle n'a jamais dépassées ; mais, sans rechercher ici les causes de ce mouvement littéraire, sans vouloir même enlever à Louis XIV l'honneur de l'avoir encouragé, qui pourrait soutenir que les œuvres admirables qui illustrèrent son règne ne se seraient pas produites si le théâtre eût été libre, qu'il n'eût pas été plus grand sans la pression du principe d'autorité, que les écrivains auraient montré moins de talent s'ils avaient été affranchis des faveurs du roi? Quand on songe que les comédiens de l'hôtel de Bourgogne auraient pu réduire Molière au silence s'il n'avait vécu dans la familiarité du grand roi, dont il avait su conquérir les sympathies personnelles ; quand on songe que Molière n'eût peut-être pas pu faire jouer *Tartufe* ou *le Misanthrope* s'il n'avait su faire rire le roi en jouant devant lui la farce du *Docteur amoureux*, on peut se demander si le privilége n'a pas empêché d'autres talents, moins favorisés par les circonstances, de se produire ou de se développer complètement, et, pour notre compte, nous recherchons en vain les œuvres dont le privilége pourrait revendiquer l'honneur. Nous avons vu les comédiens privilégiés chercher à ruiner Molière et lui susciter des embarras dont il n'eût pas triomphé sans l'appui du roi ; et plus tard, quand la Comédie-Française, quand l'Opéra furent constitués, nous les avons vus s'opposer à la représentation des œuvres qui cherchaient à se produire à leurs côtés, aller jusqu'à interdire la parole aux acteurs des entreprises rivales, ne leur laisser que la pantomime, et forcer les petits théâtres à imaginer mille ruses pour éluder ces défenses tyranniques.

C'est dans cette situation que la Révolution française trouva le théâtre ; il nous reste maintenant à voir ce qu'il devint à cette époque, où, suivant l'expression d'un grand orateur, chacun savait ce qu'il fallait renverser, nul ne savait ce qu'il fallait élever.

II

Le 24 août 1790, le citoyen Laharpe, à la tête d'une députation des gens de lettres et des auteurs dramatiques, portait à la barre de l'Assemblée une pétition dans laquelle ils demandaient l'abolition des priviléges pour les entreprises de théâtre ; et, le 19 janvier 1791, une loi déclarait que tout citoyen pourrait élever un théâtre public et y faire représenter des pièces de tous les genres, sur une simple déclaration faite à la municipalité.

Mais cette liberté, défendue à la tribune par l'éloquence de Mirabeau lui-même, proclamée avec enthousiasme, ne devait pas être longtemps respectée, et le théâtre n'échappait au bon plaisir des gentilshommes de la chambre que pour passer sous le joug autrement rude des autorités révolutionnaires. La scène sur laquelle s'étaient produites, sous la forme d'allusions timides, quelques protestations contre les excès de la révolution, fut bientôt signalée à ce pouvoir tyrannique qui régnait par la terreur ; dans la séance du 5 août 1793, Couthon vint dénoncer les théâtres à la Convention nationale comme des ennemis de la République. « Vous blesseriez, vous outrageriez les républicains, disait-il, si vous souffriez qu'on continuât de jouer en leur présence une infinité de pièces remplies d'allusions injurieuses à la liberté, et qui n'ont d'autre but que de dépraver l'esprit et les mœurs publiques, si même vous n'ordonniez qu'il ne sera représenté que des pièces dignes d'être entendues et applaudies par des républicains. Le comité, chargé spécialement d'éclairer et de former l'opinion, a pensé que les théâtres n'étaient point à négliger dans les circonstances actuelles ; ils ont trop souvent servi la tyrannie, il faut enfin qu'ils servent aussi la liberté. » Et, sur la proposition que lui fit Couthon, la Convention nationale décréta que sur certains théâtres indiqués, seraient représentées trois fois par semaine des tragédies dites républicaines, telles que celles de *Brutus*, *Guillaume Tell*, *Caïus Gracchus*, et autres pièces dramatiques propres à entretenir le principe d'égalité et de liberté, et que, une fois la semaine, une de ces représentations serait donnée aux frais de la République. Les théâtres n'ayant pas montré assez d'empressement à répondre au vœu de la Convention, ils furent l'objet des mesures les plus arbitraires ; le Théâtre-Français, accusé d'aristocratie, fut fermé le 3 septembre 1793.

A l'exemple de la Convention, le Directoire exécutif voulut se servir des théâtres comme moyen d'influence sur l'esprit public ; un arrêté du 18 nivôse an IV ordonna à tous les directeurs de spectacles de faire jouer, avant la levée du rideau, les airs chéris des républicains, tels que : *Ça ira, le Chant du départ*, et, pendant les entr'actes, *la Marseillaise*. En même temps, la censure devint d'autant plus oppressive que le pouvoir se sentait moins solidement assis. « On a conservé, dit M. Vivien dans ses *Etudes administratives*, et nous avons parcouru les notes des administrateurs du temps; rien ne peint mieux cette époque. Dans l'espace d'un mois, sur 151 pièces censurées, 33 sont rejetées et 45 soumises à des changements. Tout l'ancien répertoire est examiné, la censure déclare mauvais les ouvrages les plus irréprochables, presque toutes les comédies de Voltaire ; elle exige des corrections dans la *Métromanie*, dans le *Guillaume Tell*, de Lemierre, bien qu'à titre de passe-port on lui donnât pour second titre *les Sans-Culottes suisses;* le dénoûment de *Brutus* et celui de la *Mort de César* doivent être changés. *Mahomet* est interdit comme chef de parti. »

Les théâtres qui, depuis l'abolition des priviléges, s'étaient multipliés à l'infini, auraient eu besoin, pour résister à la concurrence qu'ils se faisaient les uns aux autres, de jouir d'une liberté sérieuse qui leur eût permis d'attirer le public par le mérite et la variété des pièces ; au lieu de cela, on ne leur laissait que la liberté de jouer de mauvaises pièces ; on les transformait en tribunes politiques, où se débitaient de fastidieuses déclamations dont on commençait à se lasser. Aussi, l'art dramatique était-il en pleine décadence ; l'ancien répertoire était devenu suspect et rien ne l'avait remplacé ; la plupart des théâtres avaient succombé, quelques-uns seulement devaient une sorte de vogue au scandale de leurs pièces. Quand l'ordre fut un peu rétabli, on s'aperçut que le théâtre marchait à une ruine complète, et on essaya de le sauver.

Le 30 brumaire an VI, Chénier fit une motion tendant à modifier la loi de 1791, qui, disait-il, avait pu être imposée comme le seul moyen de détruire les priviléges à un moment où les ménagements étaient impossibles. Il demanda qu'il fût formé une commission pour présenter un rapport sur ces trois questions : 1° Faut-il modifier l'art. 1er de la loi du 13 janvier 1791, relative aux théâtres ? 2° quelle doit être la surveillance du Directoire sur ces établissements ? 3° comment doit être déterminé le mode de récompense pour les théâtres qui auront bien servi la cause de la liberté ?

Lors de la discussion de cette motion au sein du conseil des Cinq-Cents, tout le monde fut d'accord sur la gravité de la situation, mais on ne s'entendait pas aussi bien sur le remède à y apporter ; les uns proposaient de réduire à trois le nombre des théâtres ; les autres, d'assujettir au serment de haine à la royauté les entrepreneurs, administrateurs et artistes attachés au théâtre ; d'autres, enfin, d'encourager par des récompenses solennelles distribuées dans les fêtes publiques, ceux qu'un jury spécial en aurait déclarés dignes ; mais, au milieu de tous ces moyens, la liberté, compromise par les circonstances au milieu desquelles elle s'était produite, ne trouvait que de rares défenseurs ; c'est en vain qu'un orateur disait avec beaucoup de raison : « Etablissez une police sévère sur les théâtres, vous en avez le droit ; mais les réduire, mais en fixer le nombre et le genre, vous ne le pouvez pas sans créer des exclusions et des priviléges. Un théâtre est, comme toute autre entreprise, un objet de spéculation ; le grand régulateur, à cet égard, est le plus ou moins d'argent qu'on porte à son propriétaire ; le succès l'élève, la chute le ferme ; il n'y a pas pour cela besoin d'une loi, et les conseils n'ont rien à voir dans de tels différends. »

Le conseil ne se laissa pas convaincre par d'aussi sages paroles, et il chargea le directoire exécutif de faire sur le nombre des théâtres, sur leur organisation, sur leur police tous les règlements nécessaires, et, pour donner un encouragement aux auteurs, de fixer à dix ans le terme des droits des héritiers, et, après ce terme, de réserver les parts d'auteur dans la représentation de leurs ouvrages, pour former un fonds de récompense alimenté par les produits de l'art dramatique lui-même.

Cette résolution arrêtée par le conseil des Cinq-Cents, fut longtemps examinée par le conseil des Anciens ; elle allait être votée lorsqu'un membre, ayant fait observer qu'il serait inconstitutionnel de confier au Directoire le soin de réglementer les théâtres, que c'était au Corps législatif que ce soin devait appartenir, et qu'il devait d'autant moins renoncer à ses prérogatives qu'en ce moment le pouvoir exécutif était le point de mire de tous les ennemis de la liberté, l'Assemblée fut touchée par ces considérations politiques, la proposition fut rejetée, et les théâtres restèrent sous l'empire de la législation de 1791.

Il faut avouer que, durant cette période, l'industrie théâtrale fut loin de prospérer ; aucune pièce sérieuse ne fut offerte au public ; c'est en vain que les directeurs cherchaient à se sauver par le scandale et à réveiller la curiosité par des spectacles où les bonnes mœurs étaient aussi offensées que le bon goût ; leurs efforts étaient impuissants, et chaque jour voyait une nouvelle salle fermée par la faillite.

On a voulu et on veut encore rendre la liberté responsable de pareils écarts, dont le retour, s'il fallait en croire certains esprits, serait l'unique résultat du nouveau décret. Ces accusations nous semblent injustes et ces prévisions irréfléchies ; lorsqu'une liberté est donnée, il est bien rare qu'au début on évite d'en user avec excès ; il se produit alors un trouble passager dont il ne faut pas prendre ombrage ; bientôt tout rentre dans le calme, l'expérience conseille de sages réserves, et chacun se plie aux nécessités que la pratique a révélées.

C'est ce qui se serait évidemment produit si le gouvernement impérial n'eût pensé qu'en cette matière il lui serait possible, du jour au lendemain, et par le seul effet de sa volonté, de relever le théâtre et de rendre en même temps à la littérature dramatique l'éclat qu'elle avait perdu. Tout le monde sait que l'une des préoccupations les plus constantes de l'Empereur fut de créer une grande littérature ; l'ordre restauré en France, la fortune la plus rapide que l'histoire ait enregistrée, l'Europe maintes fois traversée par ses armées victorieuses, toutes ces gloires ne lui suffisaient pas et ne pouvaient le consoler de n'avoir pu trouver quelqu'un qui fût digne de les chanter, et ce n'était pas sans une secrète jalousie qu'il voyait ses comédiens ordinaires ramenés toujours aux admirables chefs-d'œuvre que Louis XIV avait applaudis. Il espéra encourager les auteurs en modifiant l'organisation des théâtres ; mais au lieu de réglementer la liberté, il pensa qu'il valait mieux la supprimer et recourir au principe d'autorité dont il avait fait ailleurs une si heureuse application. Sans s'arrêter aux droits acquis sous l'empire de la loi de 1791, il rendit, à la date du 8 juin 1806, un décret qui rétablissait les priviléges et attribuait à chaque théâtre un genre dans lequel il devait rigoureusement s'enfermer, et, le 29 juillet 1807, le nombre des théâtres était réduit à quatre grands théâtres et quatre théâtres secondaires, et aucune salle ne pouvait plus être élevée ou même déplacée sans l'autorisation de l'Empereur.

La fixation des genres fut déterminée avec une rigueur toute militaire ; de même que dans les armées il y a les corps d'élite qui forment la réserve, et les troupes légères chargées des combats d'avantgarde, il y eut le Théâtre-Français avec le privilége de la tragédie et le monopole des vers alexandrins ; l'Opéra, auquel furent réservés les ballets du genre noble et gracieux ; tels sont ceux, disait le décret, dont les sujets ont été puisés dans la mythologie ou dans l'histoire, et dont les principaux personnages sont des dieux, des rois ou des héros ; il y eut le théâtre des Variétés, qui fut affecté à ce que le décret appelle le genre grivois, poissard ou villageois. L'Empereur lui-même veillait soigneusement à ce qu'aucun théâtre ne sortît de de ses attributions ; il se tenait au courant des répertoires, donnait des conseils aux acteurs, se faisait rendre compte des pièces et presqu'au lendemain d'Iéna envoyait à Gardel le sujet du ballet du *Retour d'Ulysse.*

Ainsi, l'autorisation préalable du gouvernement, la fixation des genres, le rétablissement du monopole au profit d'un nombre limité d'entreprises, telles furent les bases de la nouvelle organisation des théâtres. L'Empereur voulut plus encore. Il considérait l'Opéra et la Comédie-Française comme des institutions nationales destinées à maintenir les bonnes traditions de l'art dramatique et à soutenir l'honneur de la scène française ; il voulait que l'éclat de ces théâtres privilégiés fût entretenu à l'aide de puissantes subventions, et que toutes les entreprises secondaires fussent obligées de contribuer à leur splendeur. L'Opéra redevint ainsi ce qu'il était avant la révolution, c'est-à-dire le suzerain tout-puissant des scènes secondaires, réduites à l'état de vassaux ; il eut droit à un prélèvement sur leurs bénéfices ; les concerts furent frappés d'un impôt à son profit ; les guinguettes de la barrière elles-mêmes n'en furent pas exemptes, par ce motif, peu flatteur pour le public, que leurs orchestres pouvaient détourner du théâtre les amateurs de musique. L'Opéra alla plus loin encore dans ses prétentions : il voulut prélever un impôt sur les messes en musique, et il intenta à cette occasion un procès à la fabrique de Saint-Roch ; mais cette fois c'était trop demander, et il fallut un arrêt du conseil d'Etat pour faire comprendre à l'Opéra qu'une messe, fût-elle en musique, n'était pas de nature à lui faire concurrence.

D'autres avantages étaient encore accordés aux théâtres privilégiés : le droit de jouer certaines pièces tombées depuis longtemps dans le domaine public leur était accordé exclusivement ; on formait des répertoires auxquels les autres entreprises ne pouvaient rien emprunter ; enfin, non content d'enlever aux scènes de second ordre une partie de leur bénéfice, non content de leur interdire la représentation des œuvres classiques, le gouvernement se réservait encore le droit de leur prendre leurs meilleurs acteurs et de les attacher à une autre entreprise au moyen d'un ordre de début.

Des faveurs analogues étaient accordées dans les départements aux troupes autorisées ; l'ardeur avec laquelle elles défendaient leurs priviléges rappelle les anciennes querelles des comédiens et des forains, qui furent l'occasion de tant d'arrêts du parlement ; c'étaient ces mêmes forains qui causaient le plus de soucis aux théâtres de province ; ils ne cessaient de réclamer contre leurs prétendus empiétements. Bien qu'ils eussent été privés du droit de porter le nom de théâtre, ils n'en donnaient pas moins de petites pièces dans le genre de *Geneviève de Brabant* ou du *Chien de Montargis*. Heureusement, le ministre de l'intérieur avait les yeux ouverts, et il ne pouvait tolérer une semblable atteinte aux droits du privilége ; le 1ᵉʳ juillet 1808, le comte Cretet adressait aux préfets la circulaire suivante :

« J'ai été informé que des directeurs de spectacles dits de curiosité, tels que danses de cordes, voltiges, exercices d'équitation, etc., se permettaient de faire jouer des pantomimes et ouvrages dramatiques. Cette infraction à l'esprit des décrets et règlements porte le plus grand préjudice aux entreprises théâtrales que le gouvernement a eu pour but d'encourager. Il est urgent de réprimer un pareil abus. »

Les craintes qu'inspirait une semblable concurrence laissent deviner ce que pouvaient être en province les théâtres que le gouvernement soutenait. Ce n'était pas que leur situation fût beaucoup plus brillante à Paris ; sauf la Comédie-Française, dont les acteurs ne furent jamais plus remarquables, les théâtres subventionnés se montraient peu dignes des faveurs qui leur étaient accordées ; l'Opéra surtout était loin de répondre aux intentions de l'Empereur ; les sommes énormes dépensées dans son intérêt, les priviléges nombreux dont il jouissait, ne semblaient servir qu'à diminuer le talent des artistes et le mérite des pièces. L'Empereur s'en irritait, et, au lieu d'en accuser son système, il aimait mieux rendre ses ministres responsables de cette décadence de l'art. « Si l'armée tâche d'honorer la nation autant qu'elle le peut, écrivait-il à M. de Cambacérès le 21 novembre 1806, il faut avouer que les gens de lettres font tout pour la déshonorer. J'ai lu hier les mauvais vers qui ont été chantés à l'Opéra. En vérité, c'est tout à fait une dérision..... On se plaint que nous n'avons pas de littérature, c'est la faute du ministre de l'intérieur. »

L'Empereur, malgré son génie, oubliait qu'on ne manie pas les esprits comme on manie la matière, et qu'il ne dépend pas de la volonté d'un homme, fût-il le plus puissant des souverains, de créer des poètes et des littérateurs, et que d'ailleurs ce n'est point en multipliant les entraves administratives que l'on peut faciliter le développement intellectuel d'une nation.

Le système de compression qu'il avait cru devoir adopter portait une trop profonde atteinte à la liberté pour pouvoir survivre au pouvoir absolu qui l'avait fondé. Après l'établissement du gouvernement constitutionnel, les théâtres furent organisés d'une façon moins arbitraire ; le régime des autorisations préalables subsista toujours, mais le nombre des théâtres ne fut plus aussi rigoureusement limité, et de nouveaux priviléges purent être facilement obtenus ; l'Opéra se vit enlever les droits de redevance qu'il exerçait sur les scènes secondaires ; les ordres de début furent abolis au nom de la liberté individuelle ; une littérature nouvelle, secouant le joug de la tradition, parvint à déjouer toutes les prévisions des décrets relatifs au partage des genres, et de la législation impériale il ne resta bientôt plus que la propriété du répertoire et les subventions.

Ces subventions atteignirent des proportions de plus en plus considérables ; aussi chaque année étaient-elles vivement attaquées lors de la discussion du budget, et ces accusations, il faut l'avouer, étaient le plus souvent d'autant mieux justifiées qu'on avait lieu d'être moins satisfait du résultat produit par ces dépenses énormes. L'exécution des pièces laissait beaucoup à désirer ; les faillites se succédaient sans interruption ; la direction d'un théâtre était devenue chose si périlleuse qu'on rencontrait difficilement des hommes disposés à accepter une aussi lourde tâche. En présence de pareils résultats, on se demandait depuis longtemps s'il ne convenait pas d'attaquer le mal dans son principe en modifiant la législation théâtrale.

En 1849, M. Dufaure, ministre de l'intérieur, soumit au conseil d'Etat un projet de loi qui, écartant les anciens vestiges de l'organisation impériale, consacrait la liberté des théâtres ; le conseil d'Etat jugea nécessaire de procéder à une enquête ; il fit appel à l'expérience des personnes les plus compétentes par leurs travaux, leur profession, leurs intérêts, et, après avoir recueilli les informations les plus minutieuses, après une discussion approfondie, il se prononça pour la liberté, pensant avec raison que l'industrie livrée à sa propre initiative se montrerait plus active et plus intelligente que l'industrie placée sous la tutelle de l'administration.

Mais si le conseil d'Etat proclamait la liberté en principe, il faut reconnaître que, dans l'application, il y apportait de telles restrictions qu'elle devenait à peu près illusoire ; elle ressemblait un peu à cette liberté de la presse dont parle Figaro : « Pourvu que je ne parle en mes écrits ni de l'autorité, ni du culte, ni de la politique, ni de la morale, ni des gens en place, ni des corps en crédit, ni de l'Opéra, ni des autres spectacles, ni de personne qui tienne à quelque chose, je puis tout imprimer librement sous l'inspection de deux ou trois censeurs. » Et en effet, d'après le projet adopté, tout Français majeur, jouissant de ses droits civils, avait le droit d'ouvrir un théâtre, mais à la charge de faire une déclaration préalable à l'autorité municipale, de désigner la salle où les représentations devaient avoir lieu, de déposer un cautionnement d'une valeur égale à dix fois la recette, de se conformer aux minutieuses prescriptions des règlements administratifs, de respecter le répertoire du Théâtre-Français, de ne donner de représentations que dans une salle contenant environ 1,000 spectateurs à Paris, 800 dans les villes de 50,000 âmes et au-dessus, et 600 dans les autres villes.

D'un autre côté, on avait pensé qu'il était utile d'entretenir à l'aide de subventions quelques scènes privilégiées, qui serviraient de modèle aux autres théâtres, et qui, affranchies des soucis de la concurrence, pourraient se consacrer sans danger à la représentation des chefs-d'œuvre de l'art. C'est ainsi, disait le rapporteur, que l'Etat offre des modèles, des types dans les autres arts, par ses académies, ses écoles, ses musées ; dans l'industrie par ses grandes manufactures, ses expositions publiques, son enseignement gratuit; dans les sciences, les lettres, l'instruction, par l'Institut, les facultés, les colléges et les écoles. En conséquence, le projet portait qu'on subventionnerait à Paris deux théâtres destinés l'un à l'art lyrique, l'autre à la représentation des œuvres les plus connues de la poésie dramatique. Un troisième théâtre, appelé le théâtre du peuple, et sur lequel devaient se jouer de grands drames populaires, destinés à moraliser le peuple et à lui inspirer des sentiments généreux, devait être également doté d'une subvention. Enfin, pour exciter l'émulation des théâtres abandonnés à leurs propres forces, le conseil d'Etat proposait d'accorder chaque année des encouragements : aux communes qui entretiendraient des théâtres municipaux, et aux auteurs, acteurs et directeurs de Paris et des départements qui auraient contribué le plus au progrès de l'art.

C'est ainsi que le conseil d'Etat, après avoir entendu les témoignages les plus considérables, après avoir étudié les différents systèmes, avait proposé d'organiser l'industrie dramatique. Les graves événements qui s'accomplirent alors tournèrent l'attention publique vers des objets plus sérieux; le projet resta dans les cartons du conseil, et la législation théâtrale ne subit aucun changement jusqu'au 6 janvier 1864, où un décret émané de l'initiative du souverain vint lui donner pour base la liberté elle-même, et réaliser d'une manière plus radicale les sages réformes que le législateur de 1849 avait préparées.

III

Le décret renferme un certain nombre de dispositions de détail dont l'analyse ne peut rentrer dans le cadre de cette étude; l'examen historique que nous venons de faire suffit déjà à fixer le caractère et la portée de la réforme qui vient de s'accomplir dans la législation théâtrale, et nous pouvons nous borner maintenant à indiquer ses caractères principaux.

Il y a deux espèces de liberté que le théâtre peut revendiquer : la liberté littéraire, c'est-à-dire le droit de jouer sans censure préalable une pièce quelle qu'elle soit, et la liberté industrielle, c'est-à-dire le droit d'ouvrir une salle sans autorisation. Ces deux libertés, essentiellement différentes dans leur objet, ne sauraient être soumises au même régime ; l'une, abandonnée sans frein, deviendrait bientôt l'instrument dangereux de toutes les passions et dégénérerait en licence ; l'autre, bien dirigée, ne peut que placer l'art et la littérature dans des conditions plus favorables à leur progrès.

Parlons d'abord de la liberté littéraire.

Le décret ne l'admet pas, il conserve la censure ; il faudrait pour l'en blâmer ne tenir aucun compte des conditions toutes particulières dans lesquelles se produit la publicité que le théâtre, avec tous ses prestiges, fournit aux œuvres de la pensée. Une représentation théâtrale présente des dangers que n'offre pas la simple lecture ; il se forme entre les hommes réunis dans le même lieu, soumis aux mêmes influences, partageant les mêmes émotions, une secrète et puissante sympathie ; les idées et les sentiments se transmettent de l'un à l'autre, et c'est avec la rapidité de l'éclair qu'elles traversent en l'agitant une foule attentive et pressée.

Il est arrivé à tout le monde de constater quelle valeur incomparable le théâtre peut ajouter à une pièce. Lue dans le silence du cabinet, elle avait paru insignifiante et sans portée : elle n'avait fait aucune impression et le souvenir s'en était bientôt effacé ; mais la représentation a tout changé, les mots ont pris une force inconnue en passant par la bouche d'acteurs habiles ; une intonation de voix, un geste heureux ont suffi pour faire découvrir des allusions qui avaient échappé, des intentions qui étaient passées inaperçues ; les magnificences de la scène, le prestige des décors, agissant sur les sens, préparent l'esprit à mieux recevoir les impressions que le poète a voulu produire ; la vie manquait au livre, les idées qu'il contenait passaient languissamment au lecteur ; mais tout ce monde d'acteurs, de figurants, de comparses, qui se remue, s'agite, met le spectateur en face de la réalité ; il s'établit une communication entre la scène et la salle ; les flammes de ce foyer ardent rayonnent sur la pièce, font ressortir mille détails perdus dans l'ombre, et c'est alors que ces passions dangereuses qui se développent si facilement au sein des masses, faisant explosion avec une irrésistible puissance, peuvent produire de regrettables désordres.

Il faut donc qu'avant d'être représentée, la pièce ait été examinée par des hommes intelligents et consciencieux, qu'elle ait été débarrassée de tout ce qui pourrait être une excitation et une occasion de manifestation turbulente ; de telle sorte qu'en allant chercher au théâtre le repos et la distraction de l'esprit, on soit sûr de n'y point rencontrer l'émeute.

Un régime simplement répressif serait ici sans efficacité ; il ne faut pas tolérer les provocations de la scène pour n'avoir point à sévir contre ceux qui n'auraient d'autre tort que d'y avoir répondu. Il n'y a déjà que trop de scandales que la censure la plus attentive ne peut prévenir, sans songer à affaiblir encore cette digue qui protége l'ordre public et les bonnes mœurs. Les hardiesses de la scène, l'éloquence du geste, les improvisations que se permettent certains acteurs, viennent bien souvent déjouer les plus sages précautions. Lors de l'enquête de 1849, un acteur, dont le nom a eu quelque célébrité, Bocage, voulait prouver que la censure était inutile, et, pour justifier sa thèse, il faisait des aveux dignes d'être recueillis. « En 1831, disait-il, je désirais faire de l'opposition au gouvernement, je pensai à une pièce de Lemercier intitulée *Pinto ;* ce n'était pas à coup sûr une pièce faite exprès contre le gouvernement de Juillet, je trouvai néanmoins que je pourrais faire naître de son texte, à la représentation, des allusions piquantes. Il y avait dans la pièce une conjuration ; Pinto conspirait contre le roi d'Espagne. A un certain moment de la pièce, on lui remettait un papier, il le lisait, et en le lisant il s'écriait : A bas Philippe ! Le soir où on le joua pour la première fois, il y avait peu de monde dans la salle. J'arrive au passage que je viens de citer, je prononce les mots : A bas Philippe ! de telle façon que j'enflamme tous les spectateurs ; la censure eût-elle fonctionné à cette époque, en parcourant le manuscrit, elle n'eût certainement pas songé à ce passage. »

Il est vrai que les acteurs se permettent souvent certaines inconvenances que la loi pourrait réprimer si la censure ne peut les prévenir ; mais, dans la plupart des cas, elle suffira à supprimer les passages de nature à produire des désordres ou à éloigner du théâtre ceux qui y cherchent des distractions honnêtes. Tous les gouvernements l'ont compris, et l'expérience a montré bien vite que la dignité de l'art ne pouvait que gagner au maintien de la censure. En 1830 et en 1848, elle fut suspendue pendant quelques mois, et la licence put alors se donner libre carrière. En 1830, on jouait à la Porte-Saint-Martin un drame où l'on montrait l'archevêque de Paris deshonorant une jeune fille, et mettant le feu à sa chaumière pour faire disparaître la trace du crime ; le 24 février, dans une pièce de M. Félix Pyat, intitulée *le Chiffonnier*, on voyait le héros du drame arrivant sur la scène, couvert de sordides haillons ; il vidait sur le théâtre sa hotte pleine d'ordures, et, parmi ces ordures, se trouvait la couronne royale de France.

Si l'on veut empêcher le retour de ces pièces où l'art et la morale sont également outragés, où les choses les plus saintes sont traînées dans la boue, où les instincts les plus mauvais sont habilement flattés, les convoitises les plus abjectes satisfaites, il faut une censure préventive ; supprimez-la et le lendemain toutes les ignominies, tous les scandales s'empareront de la scène, et les esprits distingués et honnêtes, qui n'ont pas toujours la majorité, seront impuissants à résister à l'envahissement des esprits grossiers et violents. Mais il ne faut pas que l'intervention salutaire du gouvernement fasse oublier aux citoyens qu'ils ont des droits à exercer et des devoirs à remplir. « Si les pièces immorales sont celles qui attirent le plus la foule, disait M. Dupin en 1836, il ne faut pas seulement faire la querelle aux acteurs et aux auteurs, mais il faut en accuser le public, qui se rend ainsi complice de l'immoralité du théâtre ; la censure est comme la loi, elle ne peut tout empêcher et tout punir, elle ne peut aller jusqu'à imposer la vertu ; » il ne faut pas, sous le prétexte qu'il existe des censeurs officiels, que le public s'abstienne de toute critique, allant avec le même empressement et gardant le même maintien aux pièces dignes d'être représentées et aux pièces qui déshonorent notre scène; il ne faut pas que le public oublie que la censure est obligée de laisser passer bien des choses dont lui seul peut faire justice, et lorsque ses protestations, inspirées par une généreuse indignation, se manifestent avec calme et convenance, il faut les respecter comme l'exercice d'un droit légitime.

Mais s'il convient que la censure soit ferme et sévère, il ne faut pas qu'elle devienne tracassière ; il importe qu'elle soit exercée avec impartialité, et qu'elle se borne à flétrir les œuvres déshonnêtes ou séditieuses. En 1849, l'enquête du conseil d'Etat avait porté sur les moyens d'organiser la censure de façon à ménager tous les intérêts. Victor Hugo demandait qu'il n'y eût pas de censure, et que la répression fût confiée à un tribunal spécial, composé des membres de la société des auteurs dramatiques : « Ce jury, que vous appellerez jury de blâme, ou de tout autre nom que vous voudrez, sera saisi, soit sur la plainte de l'autorité publique, soit sur celle de la commission dramatique elle-même, de tous les délits de théâtre commis par les auteurs, les directeurs, les comédiens. » D'autres voulaient que l'on fît passer les théâtres dans les attributions du ministre de l'instruction publique, et que le conseil de l'université fût chargé de la censure, soit directement, soit en appel ; les autres demandaient que ces fonctions fussent dévolues aux tribunaux, entre les mains desquels on serait certain qu'elles ne deviendraient jamais l'instrument docile de certaines susceptibilités politiques. « La censure, disait M. Jules Janin, devrait être une magistrature ; elle devrait emprunter quelque chose de la grandeur de l'antique magistrature romaine ; il faudrait qu'elle fût exercée, non plus par des bureaux, mais par un homme élevé et par un homme environné de l'estime des littérateurs et des citoyens, par un homme qui ne craindrait pas de se rendre responsable de la moralité, de la sagesse des théâtres. » La difficulté serait de trouver un homme à l'abri de toute critique. Probablement on le cherchera toujours.

A la suite de cette enquête, le conseil d'Etat proposa d'exiger que les pièces de théâtre fussent déposées au ministère de l'intérieur, d'en défendre la représentation, sauf le cas d'une autorisation spéciale, pendant les quinze jours qui suivraient ce dépôt, et de la permettre, passé ce délai, si le ministre n'avait pas déclaré qu'il s'opposait à la représentation. Ainsi, le silence du ministre tenait lieu d'autorisation, et son opposition ne pouvait se produire que pendant un certain temps. Le projet du conseil d'Etat donnait en outre au directeur du théâtre, en cas d'opposition, le droit de demander un nouvel examen, et, dans ce cas, l'autorisation ou l'interdiction définitives ne pouvaient être prononcées qu'après un avis donné par la commission des théâtres.

Sous l'empire du décret du 6 janvier, c'est au ministre de la maison de l'Empereur et des beaux-arts que sont confiés les redoutables ciseaux de censeur. Nous ne doutons pas qu'il ne les manie d'une main fort légère, et que les auteurs ne trouvent toujours en lui un juge aussi éclairé qu'indépendant; mais cependant n'eût-il pas mieux valu remettre ces importantes et délicates fonctions à une commission permanente, composée d'hommes spéciaux? N'est-il pas à craindre, en effet, que le ministre, occupé souvent de soins plus graves, ne s'en rapporte complétement aux bureaux, et, sans mettre en cause ceux qui seront investis de cette magistrature, sans nier leur compétence, sans douter de leur zèle, n'est-il pas permis de penser qu'une commission qui eût jugé à charge d'appel eût présenté des garanties plus sérieuses?

Il nous reste maintenant à examiner la liberté des théâtres au point de vue industriel.

L'exploitation d'un théâtre est une entreprise financière; c'est un emploi d'une nature particulière qu'un ou plusieurs individus font de leurs capitaux et de leur intelligence, à l'effet de réaliser un bénéfice; le directeur d'un théâtre est un spéculateur dont les opérations consistent à fournir au public une certaine somme de plaisir, moyennant un salaire, et si la nature particulière de son industrie exige de lui une culture intellectuelle et un goût littéraire qui l'élèvent bien au-dessus du négociant ordinaire, il n'est pas moins vrai que la loi elle-même le considère comme un véritable commerçant.

Cependant, jusqu'à présent, la loi les avait mis en dehors du droit commun, en arrêtant le libre essor de leur industrie par les entraves du privilége. La Révolution avait donné la liberté à l'industrie, elle avait aboli les anciens monopoles, elle avait proclamé la liberté du travail, et le théâtre seul, un instant libre, avait vu bientôt restaurer pour lui toutes les restrictions d'un régime aboli. Le décret met enfin un terme à cette exception, et si quelque chose peut nous étonner, c'est qu'elle ait pu se maintenir aussi longtemps. Pourquoi l'Etat, qui laisse les citoyens maîtres de disposer de leur fortune, qui n'a pas la prétention d'intervenir dans le placement de leurs capitaux, dans la direction de leurs affaires privées, se montrerait-il si soucieux de leurs intérêts, lorsqu'au lieu d'établir une usine ils ouvriraient un théâtre? Dira-t-on qu'une entreprise de ce genre intéresse le public? Mais le même argument pourrait s'appliquer à toutes les industries, et si l'Etat a pu s'affranchir sans inconvénient des embarras que lui causait le monopole d'autres industries bien autrement utiles, on ne voit pas pourquoi il continuerait à tenir en tutelle l'industrie des théâtres; qu'il exerce sur elle, comme sur toutes les autres, une surveillance qui préviendra les abus; qu'il empêche les directeurs de faire représenter des pièces dangereuses pour l'ordre et pour la morale, comme il empêche certains commerçants de profiter de la liberté qui leur a été donnée pour donner de la mauvaise viande ou du mauvais pain, et alors le public n'aura rien à craindre de la suppression des priviléges, et le rôle de l'Etat sera ramené à son véritable caractère.

Dira-t-on maintenant que la liberté absolue va faire naître une concurrence effrénée, qui entraînera la ruine de bien des familles? mais de semblables considérations pourraient justifier toutes les prohibitions; est-ce que la ruine d'un manufacturier, qui emploie dans ses ateliers des milliers d'ouvriers, instruments de désordre le jour où le travail vient à leur manquer, ne compromettra pas des intérêts bien plus nombreux, ne sera pas pour la paix publique un danger bien plus grand que la faillite d'un directeur de théâtre? alors, pourquoi ne demande-t-on pas à l'Etat de faire revivre tous les anciens priviléges, de restreindre le nombre des usines, d'exiger un cautionnement des chefs de maison, et, sous le prétexte de protéger quelques imprudents, de paralyser à tout jamais l'essor de notre industrie, qui est assez fortement constituée pour respirer l'air pur de la liberté, et qui tient à notre sol par des racines assez profondes pour résister à une concurrence qui fera sa grandeur, sa force et sa dignité?

Mais, d'ailleurs, à supposer que notre confiance dans la liberté nous inspire de fausses espérances, la situation du théâtre était si précaire sous le régime du privilége, qu'il est difficile de supposer qu'elle puisse l'être davantage sous le régime de la liberté. Les autorisations ministérielles, en effet, avaient tous les inconvénients de l'arbitraire, et les théâtres, privés des avantages de la liberté, n'étaient même pas garantis contre les dangers de la concurrence.

Ils étaient soumis à toutes les restrictions, à toutes les obligations par lesquelles le privilége fait payer ses coûteuses faveurs, et si l'initiative privée ne pouvait leur susciter de concurrents, ils étaient exposés tous les jours à voir une nouvelle salle s'ouvrir à leur porte, en vertu d'un privilége obtenu au préjudice de leurs droits.

Le privilége, en outre, livrait complétement celui qui l'avait obtenu à la discrétion de ceux qui en étaient les dispensateurs ; il fallait accepter toutes les conditions et se ménager les bonnes grâces de ceux dont on dépendait; il fallait, par exemple, accepter l'abus des billets de faveur, qui venaient diminuer les recettes dans une proportion considérable. « En 1830 et 1831, dit M. Vivien, l'administration des hospices fit faire le relevé des billets de faveur présentés au bureau de contrôle. Leur valeur fut portée pour 1830 à 1,135,625 fr., et pour 1831 à 1,162,730. — Le désordre s'est accru depuis, ajoute-t-il; bien loin de chercher à le restreindre, les agents de l'autorité ne négligent pas les occasions d'en profiter; obtenir les plaisirs du spectacle sans les payer est un signe d'influence, un témoignage de crédit.

D'un autre côté, une entreprise de théâtre ne pouvait changer de salle sans autorisation ; contrainte de rester dans le même local, sous peine de perdre son privilége, elle était livrée sans défense aux prétentions les plus exorbitantes des propriétaires, dont il fallait accepter la loi.

Ce n'était pas tout encore ; dans les industries maîtresses d'elles-mêmes, pour peu que celui qui les dirige ait l'expérience la plus vulgaire, il s'efforce toujours de tenir une balance égale entre la production et la consommation, et attend pour fabriquer qu'il se soit assuré d'un débouché pour ses produits. Il n'est pas une industrie qui ne soit forcée, à certaines époques, de ralentir et de modérer la fabrication ; les règlements avaient changé tout cela, et ils n'admettaient pas que le théâtre eût ses mortes saisons ; il fallait que le public pût s'amuser à un moment où il n'en a plus envie, et, à cette époque de l'année où, fatigué des plaisirs de la ville, le Parisien s'enfuit à la campagne, il fallait, pour l'honneur des principes, que les spectacles fussent ouverts, tout le personnel à son poste et les lustres allumés pour éclairer des banquettes vides ; nous ne doutons pas que, si le même système eût été appliqué aux bains froids, on ne les eût obligés à rester ouverts pendant l'hiver ; mais comme on n'avait pas songé à forcer les citoyens à recevoir des billets de spectacle, il s'ensuivait nécessairement que les pertes subies pendant l'été absorbaient en grande partie les recettes perçues pendant l'hiver.

Aussi, sous ce régime, dont quelques esprits par trop conservateurs paraissent se séparer avec regret, les directeurs étaient presque certains de se ruiner, et la faillite était devenue l'état ordinaire de certains théâtres. Le gouvernement lui-même reconnaissait le mal ; s'il ne cherchait pas à y remédier, il avait au moins la franchise de l'avouer, et on n'a qu'à jeter les yeux sur les circulaires des ministres de l'intérieur pour y rencontrer des plaintes continuelles sur les embarras des théâtres et sur l'incurie des directeurs. Mais c'était constater le mal sans remonter à sa cause; au lieu de faire la statistique des faillites et d'accuser les théâtres de ne pas profiter de la faveur dont ils jouissaient, il eût mieux valu reconnaître que c'était précisément cette faveur qui causait tous ces désastres, en imposant aux uns des obligations qui les écrasaient, en permettant aux autres de se laisser aller à leur indolence.

Est-ce à dire que, sous le régime de la liberté, tout va se transformer par enchantement, que les théâtres vont devenir des mines d'or pour les directeurs, que les artistes seront régulièrement payés, et que les spectateurs, assis dans de moelleux fauteuils, pour une somme minime, n'entendront plus que de bonnes pièces, jouées par d'excellents acteurs? La liberté, quelle que soit sa puissance, ne saurait faire de pareils miracles; il faudrait au moins lui en laisser le temps. Il faut s'attendre à des secousses, a quelques désastres ; les révolutions, même les plus pacifiques, font toujours quelques victimes et excitent quelques mécontentements; puis, peu à peu, l'ordre se rétablira, les entreprises téméraires s'écrouleront, et quand le bruit de ces chutes méritées aura cessé de se faire entendre, on appréciera les bienfaits du nouveau décret, et l'on s'étonnera que la réforme utile qu'il a consacrée ne se soit pas plus tôt accomplie.

Sous ce nouveau régime, tout individu peut faire construire et exploiter un théâtre, tant à Paris que dans les départements ; aucune condition restrictive n'est mise à l'exercice de ce droit ; des règlements de police prescriront certaines dispositions à prendre dans l'intérêt du public, mais nous sommes convaincus que l'esprit libéral qui a inspiré le décret ne permettra pas que, sous le prétexte de protéger les spectateurs, l'administration puisse faire revivre sous une autre forme les charges aussi lourdes que minutieuses que les anciens règlements imposaient aux directeurs. Ils seront suffisamment engagés par leur propre intérêt à chercher à attirer le public, en lui offrant des salles commodes, aérées pendant l'été, bien chauffées pendant l'hiver, et d'ailleurs, s'il se rencontrait des gens qui eussent du goût pour des salles étroites et sans air et pour des sièges mal rembourrés, nous ne voyons pas pourquoi l'administration les empêcherait de se donner cet innocent plaisir; qu'on n'en doute pas, la foule se portera vers les théâtres les mieux organisés, et elle en sera d'autant plus reconnaissante envers leurs directeurs qu'ils n'auront agi que par le désir de lui plaire.

Le décret ne contient non plus aucune disposition relativement au nombre des places ; le projet de 1849 s'était montré plus timide et il voulait que le chiffre des places fût au moins de huit cents ; on justifiait cette disposition par un motif d'ordre moral; on disait que le système de la loi de 1791 avait produit les plus funestes abus en permettant de donner dans de très petites salles, en quelque sorte à huis-clos, de prétendues représentations dramatiques, dont un nombreux auditoire n'eût pas supporté le scandale ; il n'y a, disait-on, qu'une publicité véritable qui offre des garanties. Nous pensons que le décret a eu raison de ne point s'arrêter à ces considérations ; une censure fortement organisée, et une police bien faite ne permettront pas les abus que l'on pouvait redouter en 1849.

Telle est la part faite à la liberté ; sans entrer dans tous les détails d'un commentaire, nous croyons en avoir dit assez pour montrer que le décret est resté fidèle dans chacune de ses dispositions au principe inscrit dans son préambule, et que le droit qu'il consacre ne se trouve ni amoindri, ni restreint par les articles qui en règlent l'exercice.

Mais en ouvrant cette nouvelle carrière à l'activité individuelle, il ne fallait cependant point laisser péricliter les destinées du théâtre ; il y avait là une question d'honneur national, et un gouvernement qui, tout en prenant l'initiative des réformes les plus hardies, ne répudie aucune des glorieuses traditions du passé, ne devait point retirer à nos grandes scènes la protection que les divers pouvoirs ont toujours tenu à honneur de leur accorder. En conséquence, le décret dispose que les subventions sont maintenues et que l'Etat se réserve le droit d'accorder les mêmes faveurs à d'autres théâtres qui sauraient les mériter. C'est par cette disposition que le décret se rattache au passé et qu'il rencontre les critiques de ceux qui auraient souhaité une réforme plus radicale encore.

La légitimité et les avantages des subventions ont été, de tout temps, vivement contestés ; en parcourant les longues et ardentes discussions qui se reproduisaient régulièrement au moment du vote du budget, on voit que c'était là une des matières que l'opposition savait le mieux exploiter ; chaque année, la question était agitée de nouveau; chaque année, les subventions subissaient les mêmes assauts, auxquels elles résistaient toujours, et la France ne croyait pas payer trop cher les frais du culte de la grande tragédie et l'entretien de ces théâtres, où se conservent mieux qu'ailleurs, au milieu de leurs œuvres les plus remarquables, la mémoire et le respect de ces écrivains illustres qui honorent assez le pays pour mériter d'en être honorés à leur tour.

Cependant, les adversaires des subventions ne se sont jamais tenus pour battus, et le nouveau décret leur a fourni l'occasion de renouveler leurs attaques. « Il est fâcheux, disent-ils, que les frais des théâtres pèsent indistinctement sur tous les citoyens, ce n'est point d'une bonne justice distributive que de faire partager à l'artisan, à l'habitant des campagnes les dépenses qu'entraînent des plaisirs auxquels ils ne peuvent prendre part, et c'est leur rendre plus lourds encore les impôts qu'ils payent à la sueur de leur front, que de les employer à procurer à d'autres des jouissances qui leur sont interdites. »

Ces considérations pourraient avoir quelque valeur si l'économie politique se résumait dans quelques formules abstraites et se renfermait dans le domaine de la théorie pure, sans tenir compte des faits; il est certain que le produit de l'impôt doit être employé de façon à profiter au contribuable qui l'a fourni, mais il ne s'ensuit pas que ce profit doive revenir à chacun dans la même mesure et sous la même forme, et l'on sera mal venu à se plaindre d'une sorte d'absorption de l'impôt par une classe privilégiée, s'il est constant que cet impôt vient augmenter indirectement le bien-être de tous et donner, par exemple, un aliment nouveau au travail national. Or, s'il est vrai d'un côté que les subventions servent à soutenir des théâtres dont l'entrée n'est pas accessible à tous, ne faut-il pas reconnaître, d'autre part, que ce sont de vastes établissements faisant vivre une quantité considérable d'ouvriers, qui contribuent à la prospérité publique ?

Est-ce que toutes les entreprises qui procurent un travail fécond et productif, qui augmentent la consommation, qui offrent de nouveaux débouchés à l'industrie ne sont pas d'un intérêt général ? Lorsque l'Etat, dans l'intérêt immédiat d'un département ou d'une industrie spéciale, ouvre une route, fait creuser un canal, les individus étrangers à ce département ou à cette industrie ne songent pas à trouver mauvais qu'on ait employé le produit des impôts à exécuter un travail qui ne leur procurera pas un avantage direct; ils comprennent que tout ce qui favorise le progrès et l'activité sur un point quelconque du territoire profite par contre-coup à la communauté tout entière ; il en est de même des théâtres : ils ne servent pas seulement aux plaisirs du riche, ils n'ajoutent pas seulement à la splendeur de la capitale, ils procurent au pauvre le nécessaire de sa famille. « Les théâtres, disait M. de Lamartine en 1849, ne nourrissent pas moins de quatre-vingt mille ouvriers de toute nature, peintres, maçons, décorateurs, costumiers, architectes, etc., qui sont la vie même et le mouvement de plusieurs quartiers de cette capitale, et, à ce titre, ils doivent obtenir vos sympathies. » Et si demain, privés de leurs subventions, nos théâtres se voyaient obligés de suspendre leurs représentations, ce ne serait pas seulement l'art qui serait atteint, ce ne seraient pas seulement les gens de goût qui se trouveraient privés du plus noble de leurs plaisirs, ce seraient des milliers d'ouvriers qui verraient se fermer les portes des ateliers où ils gagnaient l'aliment de leur vie.

Mais ce n'est pas seulement par des motifs purement économiques que les subventions peuvent se justifier, c'est aussi par des considérations d'un ordre plus élevé.

Le théâtre est une institution vraiment nationale, dont la prospérité intéresse le pays tout entier; il a trop d'influence, en effet, sur le goût et sur les mœurs d'un peuple intelligent et civilisé pour qu'on ne soit pas intéressé à en maintenir l'éclat et la dignité. Pouvant faire pénétrer dans les masses de bonnes et de saines doctrines, destiné à procurer au spectateur, au moyen des ressources les plus puissantes de l'art, des émotions bienfaisantes et généreuses, à vulgariser certaines vérités morales sous une forme saisissante, en mettant sur la scène des personnages animés, passionnés, qui parlent et agissent comme il appartient à des hommes mêlés à des événements réels; chargé d'un autre côté de conserver les traditions littéraires; appelé à résister à l'invasion du mauvais goût, à empêcher que les chefs-d'œuvre ne soient oubliés, à leur fournir des interprètes dignes de les comprendre et de les faire admirer, à être enfin pour la littérature ce que sont pour l'art nos collections et nos musées, où la foule, voyant réunies sous ses yeux les œuvres les plus remarquables que la statuaire et la peinture aient produites dans tous les temps, sent naître en elle le sentiment du beau; chargé de remplir dans le domaine de la morale et dans le domaine de l'art un rôle aussi important, le théâtre n'a pas besoin d'autres titres à la protection et aux encouragements de l'Etat. L'abandonner à lui-même, lui retirer les subventions qui lui permettent de se maintenir à la hauteur de sa mission, ce serait compromettre son existence, ce serait peut-être le condamner à une décadence irrémédiable, ce serait l'exposer à céder à la tentation d'être peu sévère sur les moyens d'arriver au succès, et de remplacer les subventions officielles par les subventions de tous ceux dont il consentirait à flatter les instincts et à satisfaire des appétits qui ne seraient peut-être rien moins que délicats.

Cet avilissement des théâtres qui sont aujourd'hui l'une de nos gloires, serait la conséquence forcée de l'abandon des subventions; l'expérience des hommes les plus compétents ne peut laisser aucun doute sur ce point, et quelque séduisantes que puissent paraître certaines théories, il faut qu'elles s'inclinent devant l'autorité des faits ; les théâtres subventionnés ne pourraient, dans l'état actuel, se passer un seul instant des secours qui leur sont accordés ; les petits spectacles, où se jouent des pièces à la portée de tout le monde, d'une mise en scène peu coûteuse, exigeant moins de talent de la part des acteurs, peuvent se suffire à eux-mêmes, et réaliser des bénéfices ; mais les grands théâtres, dont le répertoire s'adresse à un public plus restreint, qui ont à supporter des frais beaucoup plus considérables, ne peuvent même pas arriver à rentrer dans leurs frais ; rien ne coûte plus cher que la représentation d'un chef-d'œuvre ; il n'a pas, pour attirer le public, il faut bien l'avouer, à notre honte, le même attrait qu'une pièce qui chatouille la curiosité ou provoque le scandale, et le luxe de mise en scène qu'il exige impose des dépenses énormes ; ainsi, pour ne parler que de l'Académie de musique, ses charges sont tellement écrasantes, que les recettes les plus élevées ne sauraient les couvrir ; quelles que puissent être la vogue d'une pièce, l'affluence des spectateurs, la salle fût-elle comble, aucune place ne restât-elle vide, un tel succès ne donnerait pas de bénéfices, il y aurait encore un excédant de dépenses. Supprimer les subventions, ce serait donc décréter en quelque sorte la ruine de nos grands théâtres ; mais, nous l'avons vu, la prospérité de ces établissements touche de trop près à l'honneur de la nation ils contribuent pour une trop large part à conserver à la France le premier rang parmi les pays où l'on a le culte des choses intellectuelles, pour que leur destinée et leur éclat ne deviennent pas en quelque sorte une question de patriotisme, qui nous impose à tous le devoir de les soutenir.

Si ce sacrifice fait à l'amour-propre national et aux intérêts de l'art devait être considérable, s'il devait nous empêcher de faire des dépenses plus utiles, on comprendrait qu'on hésitât à s'y résoudre ; mais quand aucun intérêt ne se trouve compromis, que tous les besoins sont également satisfaits, et que la France peut élever avec la même magnificence l'asile où les souffrances du pauvre seront soulagées et le palais où se déploieront toutes les pompes de l'Opéra, devient-il nécessaire de renoncer à cette insignifiante cotisation, qui contribue à la splendeur de la patrie commune ?

Le décret ne l'a pas pensé : nous devons nous en féliciter. Qu'on ne dise pas enfin que le maintien des subventions rendra la liberté complétement illusoire, en créant aux théâtres privés une concurrence insoutenable ; il y aura, il est vrai, les théâtres privilégiés et ceux qui ne le seront pas, les théâtres pourvus de larges dotations et ceux qui en seront réduits à leurs seules ressources ; mais ce ne sera pas dans un intérêt de spéculation que l'Etat interviendra, ce sera pour diriger le mouvement, pour offrir des types et des modèles à l'émulation des autres scènes ; il lui appartient, et c'est le côté le plus élevé de sa mission, de ne point négliger les intérêts moraux, de diriger, de stimuler le mouvement des lettres, et, de même que les grands établissements universitaires que le gouvernement entretient et patronne, loin de nuire à la liberté de l'enseignement, ne font que la rendre plus active et plus féconde, de même le maintien des subventions ne fera qu'exciter l'énergie des théâtres libres et les encourager à redoubler d'efforts.

Tout en proclamant la liberté des théâtres, le décret a donc su le faire dans de sages limites ; il a empêché qu'elle ne dégénérât en licence en maintenant la censure; en conservant les subventions, il a assuré l'avenir de la scène française.

Il consacre une réforme importante par les conséquences qu'elle est appelée à produire non moins que par le principe sur lequel elle repose. Développer l'initiative individuelle, stimuler l'industrie par la concurrence, renverser ces vieilles barrières du privilége qui gênaient le développement de ceux qu'elles devaient protéger, apprendre aux citoyens à se passer du secours de l'Etat, à compter sur eux-mêmes, c'est accomplir une œuvre de progrès, c'est préparer l'avenir en développant dans la nation le sentiment de sa puissance, de ses forces et de sa valeur personnelle. Mieux aussi que le système d'autorisation, mieux que toutes les combinaisons administratives des décrets du premier empire, la liberté pourra favoriser les progrès de l'art, et, par une impulsion heureuse, élever le niveau de la littérature dramatique.

De nombreux débouchés vont être ouverts aux œuvres nouvelles des compositeurs vivants ; des auteurs qui, découragés par la difficulté de faire représenter leurs œuvres sur de grandes scènes, désertaient les études sérieuses, et dépensaient leur talent et leur force à composer pour les petits théâtres de misérables pièces, où il leur fallait faire à chaque instant le sacrifice de leur pensée, trahir la dignité de leur art, étouffer leurs plus nobles inspirations dans la recherche de jeux de mots et de plaisanteries grivoises, vont trouver aujourd'hui d'autres moyens de se faire connaître et de permettre au public de les juger ; et, s'ils ne rencontrent pas le succès, ils ne pourront au moins accuser la société d'avoir comprimé leur génie en ne lui permettant pas de se produire.

Le décret donne ainsi au public un puissant moyen d'encourager les auteurs ; c'est de lui qu'il va dépendre plus que jamais, en accordant ses faveurs avec discernement, d'exciter les artistes à bien faire et à ne point laisser périr l'honneur et la dignité de notre théâtre ; s'il préfère les nobles jouissances de l'esprit aux bouffonneries et aux plaisirs des sens, la liberté servira à remettre en honneur les chefs-d'œuvre de notre langue et peut-être à en susciter de nouveaux.

De grands devoirs aussi sont imposés aux directeurs : ils peuvent, s'ils le veulent, exercer une salutaire influence sur le goût du public ; il leur appartient de contribuer à l'éducation littéraire du peuple et de profiter des moyens dont ils disposent pour épurer les mœurs en élevant les intelligences. Jusqu'à présent, la représentation de certaines pièces était réservée aux théâtres subventionnés ; le prix élevé de leurs places, la nature et les habitudes du public qui les fréquentent, en éloignaient les gens peu aisés ; c'est tout au plus si un écho affaibli de ces chefs-d'œuvre pouvait arriver jusqu'à eux ; mais à certains jours, quand les portes de ces salles privilégiées leur étaient ouvertes, ils s'y précipitaient avec empressement, et, à voir avec quelle attention ils écoutaient, avec quel discernement ils appréciaient les beautés les plus délicates, à entendre avec quel transport éclatait leur enthousiasme, on se demandait s'il s'était jamais rencontré un auditoire plus intelligent. Si les théâtres veulent se rendre dignes de la liberté qui leur a été donnée, qu'ils convient souvent la foule à ces grandes solennités qui n'étaient que de trop rares exceptions, qu'ils prennent à tâche de vulgariser les chefs-d'œuvre ; que les grandes salles de nos quartiers populaires, où l'on ne rencontrait que les émotions dangereuses du drame, servent à faire entendre à un public qui ne les connaît pas encore les mélodies de nos grands maîtres, les accents inspirés de nos grands poètes, et à faire naître ainsi dans des esprits, habitués jusque-là à des spectacles trop grossiers, de délicates et généreuses impressions.

Mais c'est seulement avec le temps que la liberté pourra produire ces heureux résultats, et si quelques essais n'ont pas justifié certaines espérances, il ne faut en accuser que l'impatience et la précipitation de ceux qui les ont tentés. On a vu, le jour où le décret a pu être appliqué, des théâtres aborder sans transition des pièces où souvent venait échouer le talent consommé des maîtres les plus habiles. Qu'est-il arrivé ? C'est que les chefs-d'œuvre joués par des artistes sans talent n'ont point été appréciés et qu'il a fallu suspendre ces représentations. On ne doit pas s'étonner de l'insuccès de ces premières tentatives ; il faut en accuser bien moins le goût des auditeurs que l'inexpérience des acteurs ; elle disparaîtra peu à peu ; ils deviendront dignes, avec le temps, d'aborder le répertoire du Grand-Opéra et de la Comédie-Française, et d'interpréter à leur tour ces œuvres encore nouvelles pour eux et qui ne demandent pas seulement un talent facile, une certaine chaleur naturelle, mais de fortes et de sérieuses études.

Telles sont les espérances que peut faire naître le décret du 6 janvier et que l'avenir réalisera sans doute ; en attendant, il faut se féliciter de l'émancipation de cette branche de l'activité humaine, de cet hommage spontanément rendu à la liberté, à l'initiative personnelle que le gouvernement s'efforce de tirer de la torpeur où l'avait plongée une centralisation excessive condamnée par l'expérience ; c'est aux citoyens qu'il appartient de faire bon usage de la liberté qui leur est donnée, de montrer, par l'emploi qu'ils en feront, qu'ils étaient capables de la recevoir ; nous ne doutons pas que le public ne comprenne l'importance des devoirs que lui impose le décret du 6 janvier ; placé entre les théâtres qui se disputeront ses préférences et les auteurs qui rivaliseront de talent, il ne laissera pas périr la cause de la liberté en accordant ses faveurs à des œuvres qui n'en seraient pas dignes.

Paris. — Imprimerie de DUBUISSON et Ce, rue Coq-Héron, 5.

www.ingramcontent.com/pod-product-compliance
Lightning Source LLC
Chambersburg PA
CBHW060502050426
42451CB00009B/779